www.ingramcontent.com/pod-product-compliance
Lightning Source LLC
Chambersburg PA
CBHW021830170526
45157CB00007B/2750
* 9 7 8 1 0 8 0 4 3 5 0 3 6 *